AF248478

DU GOUVERNEMENT

REPRÉSENTATIF

EN FRANCE.

DE L'IMPRIMERIE DE FIRMIN DIDOT,
IMPRIMEUR DU ROI, DE L'INSTITUT ET DE LA MARINE,
RUE JACOB, N° 24.

DU GOUVERNEMENT

REPRÉSENTATIF

EN FRANCE.

Par M. DE VAUBLANC.

A PARIS,

Chez { LENORMANT, libraire, rue de Seine, n° 8.
{ PÉLICIER, libraire, au Palais-Royal.

(1820.)

DU GOUVERNEMENT
REPRÉSENTATIF
EN FRANCE.

Dans ces jours de deuil et de larmes, où nous pleurons à-la-fois sur un prince auguste et sur la patrie, nous sentons plus que jamais le désir et le besoin de nous réunir pour de nobles desseins, avec autant d'ardeur que des factieux s'unissent pour des projets funestes. Je vois par-tout cette inspiration généreuse. C'est à toi que nous la devons, ombre magnanime! Pour honorer tes mânes, nous nous offrons à ta famille, à la patrie, à cette France que tu as tant chérie, où tu n'as goûté qu'un bonheur si court, après un si long exil. Mais, hélas! que peuvent les vrais Français? Faut-il exhaler en de vaines paroles cette chaleur qui les anime, source unique de tout ce qui est beau et grand sur la terre? Elle brillait en toi; elle nous rappelait notre Henri; elle n'attendait qu'une occasion digne de toi pour faire éclater l'énergie de ton ame. Fallait-il donc que ce fût en tombant dans nos murs, sous le fer d'un assassin, que ta grande ame, si semblable à celle de ton généreux père, se déployât toute entière à nos yeux? Quand le cri de ton sang nous appelle, nous réunit, nous anime, nous frémissons de nous consumer en des vœux impuissants, nous rougissons, nous avons presque honte de nous-mêmes. Eh bien, je surmonterai cette honte : j'offrirai à ma patrie des pensées ennoblies par le désir d'être utile : de cette main que tu daignas souvent presser dans tes mains augustes, je vais tracer quelques lignes, et sonder une de nos plaies les plus profondes.

Le rapport, ou l'opposition de notre caractère aux institutions nouvelles, feront les destinées de la France. Ces institutions ne produiront que des résultats honteux, si elles sont en opposition avec ce caractère, ou s'il ne se modifie pas lui-même par la pratique. « Qui veut « entendre à fond les choses humaines, dit Bos-«suet, doit observer les inclinations et les « mœurs, ou, pour tout dire en un mot, le « caractère, tant des peuples en général, que « des princes en particulier. » C'est sur cette réflexion de ce grand homme, que je vais appuyer tous mes raisonnements. C'est d'après elle, qu'on aurait dû examiner d'abord si les institutions d'un peuple voisin convenaient à notre caractère, ou comment, et à quel point elles devaient être modifiées pour lui convenir. Cet examen n'est plus permis; mais je peux rechercher, si nous avons l'esprit de ces institutions, ou s'il nous est possible d'en approcher. Voyons d'abord avec rapidité ce qu'a produit depuis trente ans, parmi nous, l'imitation des usages politiques d'un peuple voisin.

Dès les premiers jours de la révolution, on voulut ce qu'on appelle un gouvernement représentatif. On fixe les yeux sur l'Angleterre, on l'imite; mais on dénature l'esprit de tout ce qu'on emprunte; l'inexpérience de l'assemblée constituante, assemblée unique, enfante une seconde assemblée unique qu'elle oppose au roi; et le monstre dévore la royauté. Une convention, encore assemblée unique, couvre la France de sang et d'échafauds. La terreur disparaît; on reconnaît enfin qu'une assemblée unique est une chose monstrueuse dans l'ordre politique : on forme deux chambres; mais on se traîne encore dans les sentiers d'une imitation maladroite; et au lieu de deux corps vigoureusement constitués, nous avons deux chambres formées des mêmes éléments. Un homme fort paraît et comprime les factieux. Les raisonneurs le poussent à une nouvelle imitation encore plus singulière du gouvernement représentatif : nous avons trois chambres ! il en brise une, il en forme deux. O siècle des lumières, toutes ces étranges variations sont-elles le fruit de la science que vous prétendez avoir répandue parmi nous ? Enfin, avec les Bourbons, nous approchons davantage des institutions d'un peuple que nous avions imitées vingt-cinq ans d'une manière si déplorable. Mais encore quelle énorme différence dans les éléments des deux chambres, et dans le jeu de cette machine qu'on nomme gouvernement représentatif ! Je ne crois pas que les annales d'aucun peuple présentent une variation si rapide et si bizarre d'idées politiques, une telle constance à imiter un modèle, et une telle opiniâtreté à s'en éloigner. Les Romains ne se conduisaient pas ainsi : ils prenaient franchement et fortement les institutions et les lois qu'ils enviaient à leurs voisins; ils ne se traînaient pas pendant un quart de siècle sur des imitations serviles à-la-fois et éloignées.

J'ose donc écrire quelques observations sur nos assemblées. Je prie d'avance les hommes pleins d'esprit, à vues fines, à pensées subtiles et déliées, de ne point me lire. Ni mon style, ni mes idées ne leur conviendraient. Je m'adresse franchement aux Français qui ont conservé l'énergie de nos pères. Quelque soit la nuance qui sépare leur opinion de la mienne, nos ames s'entendront.

Une attention constante sur leur conduite politique, peut seule faire triompher la cause sacrée à laquelle se sont dévoués les bons Français. En vain seraient-ils animés des nobles sentiments que les révolutionnaires ont tant reprochés à la chambre de 1815, ils ne réussiront pas, s'ils n'évitent toutes les fautes qui naissent de l'inexpérience. Plus d'une fois, pendant le cours de la révolution, les royalistes, prêts à recueillir le fruit de leurs efforts, ne l'ont perdu que par des fautes de conduite, dont ne garantissent pas les sentiments les plus généreux. Nous avons, presque touts, plus ou moins contribué à ces fautes. Rappellons-les avec franchise, et tâchons de les éviter désormais.

Je me servirai du mot *parti*, pour désigner une réunion d'hommes qui ont, en politique, les mêmes opinions et les mêmes desseins. Ainsi, les royalistes eux-mêmes forment un parti; et je rappellerai à ce sujet ces paroles de Montesquieu : « Lorsqu'un écrivain a défini un mot « dans son ouvrage, quand il a donné son dic-

« tionnaire, il faut entendre ses paroles, suivant
« la signification qu'il leur a donnée. »

Tout le monde connaît les inconvénients atta-
chés aux délibérations des assemblées. Ils sont
plus ou moins graves, suivant les habitudes na-
tionales ; ils peuvent être beaucoup plus graves
et plus difficiles à corriger dans un peuple, que
dans un autre. Et si dans aucun temps et chez
aucun peuple, ils n'ont été aussi terribles que
parmi nous, il faut nécessairement qu'il y ait
dans notre caractère quelque chose qui aug-
mente ces inconvénients. Nous avons emprunté
de l'Angleterre les institutions qui forment ce
que nous appelons le gouvernement représentatif. C'est donc dans son histoire et dans ses
usages, sur-tout depuis un siècle, qu'il faut
etudier ce genre de gouvernement. Il faut y
chercher ce que la nature même des choses a
établi, indépendamment des volontés particulières, et rejeter les vaines théories qui ne s'ac-
cordent pas avec l'essence de ce gouvernement.
C'est dans la nature des choses, qu'on trouve
les règles de la conduite politique. Une fatale
expérience devrait nous avoir appris que tout ce
qui se fait contre la nature propre des choses,
ou des situations, ne réussit jamais. Cette conduite amène les demi-volontés, qui sont toujours suivies de l'indécision et de misérables

tâtonnements. Il me semble que les chambres du parlement britannique se sont organisées naturellement et sans effort, de manière à pouvoir marcher toujours vers un but décidé ; et que notre usage, absolument contraire depuis trente ans, est la vraie cause de la profonde blessure que nos assemblées ont faite à la France, et qu'elles peuvent rendre incurable.

C'est d'après cette réflexion que j'ai écrit ces mots en 1794, dans un ouvrage qui fut imprimé : « Une constitution se fait, et ne peut être faite ; « c'est-à-dire que le temps et l'expérience, qui « en est le fruit, placent les institutions conve- « nables sur les bases qui d'abord ont été posées ; « et alors la constitution se fait et se modifie « par la nature même des choses, et sur-tout « par le caractère du peuple. »

La première condition que demande la marche du gouvernement représentatif, est une franchise loyale dans ses membres. Elle doit être impérieusement exigée, et briller éminemment dans la conduite publique de chacun, lors même qu'elle n'existe pas toujours dans sa conduite privée. On doit savoir ce qu'il veut ; et s'il change d'opinion, il doit le déclarer. Dans une assemblée, tout homme qui cache son sentiment sur l'ensemble des affaires, est ennemi perfide, ou ami douteux. Remarquez qu'il a un pouvoir réel, qu'il peut faire servir, autant qu'il est en lui, à l'avantage ou à la ruine de ce que ses collègues désirent établir, en sorte que s'il cache ses sentiments, il peut tromper ; s'il trompe, il est perfide.

Je prie de se figurer un moment une assemblée nombreuse d'hommes qui ont le même titre, le même pouvoir, nommés pour la même fin, qui sont en défiance les uns des autres, et qui n'ont pas de moyens connus et avoués, de découvrir mutuellement leurs sentiments : je demande si une telle assemblée ne présenterait pas un spectacle aussi honteux que déplorable, la trahison, incessamment suspendue sur la tête de chaque membre. Plus on réfléchira sur la nature d'une assemblée délibérante, plus on se convaincra que là, il n'y a point de milieu entre la franchise et la perfidie.

Combien cette franchise n'est-elle pas plus indispensable encore dans un ministre ! Ses opinions doivent être déclarées, et n'être couvertes d'aucun voile : car il ne doit pas seulement vouloir une chose, il doit la vouloir avec une détermination absolue de la faire réussir. Il ne doit tromper ni les partis, ni les hommes en particulier ; et si, sur des choses du moment, il juge à propos de ne pas s'expliquer, il doit se borner au silence, et ne jamais tromper. Placé entre le monarque et les chambres, est-ce en son propre nom, est-ce au nom du monarque qu'il les tromperait ? Cette franchise des ministres est tellement en usage en Angleterre, qu'en 1816, les journaux anglais s'exprimaient ainsi : « On « avait cru que lord Castlereagh proposerait un « bill en faveur des catholiques, et plusieurs « membres du parlement l'avaient vivement « pressé de le faire. Mais la réponse finale du « lord a été, qu'il désire cordialement le succès « d'une semblable mesure, et que toutes les fois « qu'elle sera mise en avant, il la soutiendra « avec chaleur ; mais que, ne pouvant compter « sur une majorité dans le cabinet, ni sur un « succès immédiat dans le parlement, il désire « d'être excusé, s'il ne consent pas à s'en charger.»

Voilà donc un ministre qui oppose d'avance et avec franchise, son opinion à la majorité de ses collègues et à la majorité du parlement! Quelques jours auparavant, on avait fait à un ministre en France, un crime d'avoir dit ces propres mots : « Autant je suis convaincu qu'un ministre « doit s'unir de pensée et d'action avec ses col- « lègues, pour la marche du gouvernement, « autant je crois qu'il lui est permis de conserver « une opinion particulière sur *les matières de* « *haute législation.* » Qu'on juge maintenant de la différence d'esprit des deux peuples; chez l'un, le ministre déclare franchement que son opinion n'est point celle de la majorité du conseil, ni du parlement; et cela paraît tout simple; chez l'autre, on ne comprend pas même une semblable franchise; et de la simple déclaration d'un principe général, l'ignorante niaiserie fait un crime.

Les partis qui divisent les chambres (et il est impossible qu'il n'y en ait pas) doivent avoir la même franchise dans leurs opinions. Lorsqu'un des partis a évidemment un but secret, les chefs de l'autre parti doivent l'interpeler, le forcer à s'expliquer, en saisir toutes les occasions : et c'est en cela que doit consister le vrai talent de l'orateur, et non dans des phrases harmonieuses et dans des distinctions métaphysiques. Il faut qu'il n'y ait rien d'équivoque dans les vœux et dans la marche des partis. J'oserai dire qu'il faut montrer bien moins d'indignation contre les opinions les plus dangereuses, que contre la perfidie qui cache ces véritables opinions. Si les honnêtes gens avaient horreur de cette perfidie, ils auraient bientôt par leurs discours, par leurs interpellations, fait briller dans une assemblée cette lumière, sans laquelle on ne sait à qui on a affaire, sans laquelle on marche en hésitant dans les ténèbres.

Mais, me dira-t-on, cette lumière que vous désirez, sera précédée d'explications orageuses?

Sans doute; mais ces orages qui peuvent amener la sérénité de l'air, sont préférables à ce calme trompeur, pendant lequel on ne prépare rien pour s'opposer au péril dont on est menacé; l'énergie honorable des partis peut seule empêcher la basse intrigue des factions; et c'est ici qu'il faut remarquer la différence immense qui se trouve entre un parti et une faction. Autant le parti qui avoue hautement un louable dessein, est honorable; autant la faction est criminelle. On ne doit point craindre les mouvements un peu hardis dans les assemblées; et si l'on veut y faire attention, on verra que ce sont presque toujours les demandes de rappel à l'ordre qui rendent les séances orageuses. Laissez aller cet orateur dont la phrase vous a surpris ou indigné; laissez-le montrer son ame tout entière, mais donnez-vous ensuite la même liberté que vous lui avez laissée. Plus il s'est abandonné à son opinion, plus il permet de force à votre réponse. Le rappel à l'ordre n'est permis que pour désapprouver des choses contraires aux bienséances publiques, ou particulières.

Si les ministres doivent montrer ouvertement leur opinion, ils ne doivent pas craindre que leur conduite soit examinée. En Angleterre, ils ont demandé eux-mêmes, il y a deux ans, un comité d'enquête, chargé d'examiner et de développer la conduite et la marche du gouvernement pendant les quatre années précédentes; et un autre comité pour vérifier l'usage qu'ils avaient fait de la suspension de l'acte d'*habeas corpus*. Bien plus, lorsqu'un ministre a fait des dépenses secrètes, il en dépose le compte cacheté, qui reste, ainsi déposé, à la disposition du parlement. Cette noble franchise fait la force d'un gouvernement. C'est là la vraie responsabilité, et non dans un article de code pénal, qui rassemblera péniblement toutes les fautes, tous les manquements, toutes les erreurs, où pourront tomber les ministres. Je ne crains pas de le dire; ce sera lorsque vous aurez fait cette loi, qu'il n'existera plus de responsabilité. Car je vous défie de préciser dans une loi, le véritable délit, une marche contraire à la gloire, à l'intérêt de l'État et subversive de la monarchie. Je m'arrête : cela demanderait une discussion qui m'écarterait de mon sujet.

Mais cette franchise lumineuse des opinions est-elle compatible avec le caractère qu'ont déployé constamment en France les honnêtes gens, depuis la révolution? Je n'examine ce caractère que sous ce rapport.

En observant attentivement la conduite de nos diverses assemblées, on voit que la faiblesse a toujours été la cause la plus active du mal qu'elles ont produit. La nation française a tant de belles qualités, qu'on peut, sans l'offenser, insister sur le défaut dominant de son caractère. D'ailleurs, il faut dire la vérité aux peuples, comme aux rois. Les honnêtes gens possèdent au souverain degré le courage de la résignation. Ils souffrent avec une noble fermeté l'emprisonnement, la ruine de leur fortune, une condamnation injuste et la mort. Ils ont même déployé dans l'adversité le brillant caractère, les habitudes pleines de franchise et d'abandon qu'ils montraient dans la prospérité : et rendus à leur patrie, ils ont porté noblement la misère à côté de la demeure de leurs aïeux. Il n'est, sous ce rapport, aucun spectacle plus imposant que celui qu'ils ont donné au monde. Mais ils ont rarement ce courage qui, pour détourner les malheurs, s'y expose d'avance ; ils n'ont pas cette constance d'esprit, sans laquelle la liberté politique est un présent funeste ; et puisque rien n'est parfait sur la terre, il faut reconnaître que le Ciel leur a accordé une noble et belle part dans les qualités humaines, sur-tout cette passion généreuse de l'honneur, que le Ciel semble avoir pris plaisir à verser dans leurs ames. Mais il ne faut jamais perdre de vue cette disposition de notre caractère à fléchir devant les obstacles politiques ; il faut faire entrer dans nos lois tout ce qui peut protéger la faiblesse des honnêtes gens, et les mettre dans une situation à parler et agir avec une liberté entière et sans crainte des factieux.

Cette observation a conduit dès 1790 à établir le vote par scrutin dans les élections ; et je ne sais si je dois me reprocher d'avoir, le premier peut-être, demandé dans un ouvrage imprimé, le vote des lois mêmes, au scrutin secret. Je donnais pour motif ce grand nombre de délibérations prononcées, par assis et levé, à une grande majorité, qui, l'instant d'après, à l'appel nominal, n'était plus qu'une faible minorité. Mais hélas ! n'a-t-on pas observé dans la dernière session que la même faiblesse produisait le même résultat, malgré le vote secret.

Cette faiblesse enfanta parmi nous le parti qu'on appelle *les ventrus*. Toutes les fois qu'il existe deux partis bien prononcés, un parti royaliste et un parti démocratique, une masse d'hommes qui se place entre eux, qui tantôt soutient l'un, et tantôt secourt l'autre, est un parti dangereux. Il n'agit ainsi que par faiblesse ; il ne manque pas de beaux prétextes, pour colorer sa pusillanimité de l'apparence du bien public. Mais jugez de sa conduite par les résultats. Ces hommes pensent dans le fond de leur ame, comme les royalistes. S'ils s'unisssaient franchement à eux, ils leur donneraient la majorité, et la querelle serait finie. Mais ils n'ont pas assez de courage. Ils craignent les démocrates, qui, dans tous les temps et dans tous les pays, ont été persécuteurs et cruels. Ils ne peuvent pas non plus s'unir à ce parti, leur probité les en empêche. Cette indécision rend la lutte plus longue et plus terrible. Les factieux brisent toutes les barrières; ils menacent, ils emploient la violence; et alors, le plus grand nombre de ces hommes mitoyens se place en rougissant sous leur bannière; mais ils s'y placent!

Tant que cette espèce de parti mitoyen existera, le gouvernement représentatif sera un poison corrosif pour la France. Un écrivain a dit, avec raison, en parlant d'un ouvrage sur l'Angleterre et sur ses partis politiques : « Nous ne « voyons en Angleterre aucune trace de ce qu'on « a nommé *le ventre* dans les assemblées de la « France. On n'y connaît point l'art de survivre « à tous les partis, en les trahissant successive- « ment, et en se joignant toujours au plus fort « contre le plus faible; on s'élève, ou l'on tombe « avec ses amis. »

Dans la session de 1817, de la chambre des communes, un ministre anglais a eu une occasion de parler indirectement de cette déplorable maladie politique. Il a terminé son discours par ces mots : « Je déclare que dans ces derniers temps, l'Angleterre a dû sa puissance et sa gloire à la division constante de cette chambre en deux partis franchement et loyalement prononcés. » Bien des Français n'en croiront pas leurs yeux, en lisant cette phrase ; ils ne pourront concevoir qu'on puisse attribuer à l'esprit de parti la gloire d'un pays. Ils croiront encore moins à cet esprit franc et loyal, dont ils n'ont pas même l'idée. Ils ont anathématisé le mot *parti*. Ils se croient d'une probité délicate et parfaite, en témoignant de l'horreur, même pour le mot. Ceux-là sont incapables d'avoir l'énergie et la franchise qu'exige l'esprit de parti. Dans un temps de troubles ou de révolutions, les honnêtes gens, incapables d'avoir cet esprit, sont les hommes les plus inutiles, ou les plus dangereux ; les plus inutiles, s'ils restent chez eux ; les plus dangereux, s'ils sont membres d'une assemblée.

Dans un pays, où l'on a franchement et loyalement cet esprit de parti, il s'ensuit, parmi d'excellents résultats, celui-ci sur-tout. Les chefs des partis, tout en combattant vigoureusement les opinions de leurs adversaires, peuvent conserver les uns pour les autres cette estime mutuelle qu'on ne refuse jamais à une conduite loyale ; on ne peut imaginer combien cette estime contribue à réunir les partis, quand la situation de l'État le demande, ou à les empêcher de pousser les choses trop loin. Chacun est satisfait de combattre à ciel découvert, et non dans un noir souterrain ; de n'avoir à craindre que le courage et les talents de son ennemi, et non les piéges de la perfidie. Il en résulte une sécurité qu'on se doit mutuellement, et lorsque le combat est terminé, les choses ne sont point portées jusqu'au crime.

On assure que dans la session de 1818, la chambre des députés, si peu nombreuse qu'elle fût, était divisée en quatre partis. Sans doute, ceux qui forment des troisième et quatrième partis, s'applaudissent beaucoup des opinions subtiles et déliées qui les conduisent à ces divisions. Quel malheureux don, que l'esprit, quand il mène à de pareils résultats ! Racine disait d'un traducteur : Le bourreau ! il voudrait donner de l'esprit à Démosthène. Si c'est l'esprit qui conduit les Français à diviser et subdiviser ainsi les partis dans une assemblée, qu'on les déclare spirituels tant qu'on voudra, mais qu'on avoue qu'ils sont, de tous les peuples, le moins propre à produire de beaux effets politiques dans des assemblées délibérantes.

Hélas ! dans cette misérable assemblée de 1792,

qui a fait tant de mal, il y avait aussi quatre partis : Les montagnards, les girondins, le centre et le côté droit. Si le centre s'était réuni au côté droit, l'autorité royale aurait triomphé. Dans les débats passionnés, les montagnards et les girondins s'unissaient ; le côté droit s'opposait à ces deux partis ; ils ne faisaient touts autre chose, que se disputer et s'arracher les suffrages du centre. Les révolutionnaires l'emportaient toujours, parce qu'ils employaient le grand moyen de l'appel nominal. Souvent, une question, décidée d'abord, par assis et levé, était ensuite décidée d'une manière toute différente, à l'appel nominal. Si le centre s'était assis au côté droit, on aurait vu d'un côté une immense majorité, et de l'autre un petit nombre de factieux. Le parti royaliste aurait ainsi observé, senti, touché, pour ainsi dire, toute sa force. Il s'en serait servi, et les destinées de la France auraient été bien différentes. Les historiens ont souvent remarqué combien la faiblesse, cette puissance si terrible, avait influé sur les derniers moments des empires. « Les effets de la faiblesse, « dit le cardinal de Retz, sont inconcevables ; « et je maintiens qu'ils sont plus prodigieux en- « core que ceux des passions les plus violentes. »

Mais voici le plus grand mal produit par le parti mitoyen. Il présente aux ministres d'un roi le moyen et l'espoir de gouverner sans être les chefs du parti royaliste. Et tandis que cette idée ne peut pas même entrer dans la tête d'un ministre en Angleterre, nous la voyons devenir en France une pratique constante. Et encore, quelle prodigieuse différence entre les situations des deux pays! Dans le premier, des nuances d'opinion divisent les deux partis; dans le second, il n'est question de rien moins que de marcher violemment à une nouvelle révolution. Comment le parti mitoyen ne sent-il pas que c'est à lui à ouvrir une large route à la monarchie, en se joignant aux royalistes. Les ministres seraient contraints alors d'y entrer franchement, ou de se retirer de l'administration. Dans quelques circonstances, ce parti sembla s'apercevoir du péril que faisait courir à la monarchie la division de la chambre en trois et quatre partis. Il sembla prêt à se rallier aux royalistes. Vains efforts de la conscience contre la faiblesse! Il retomba bientôt dans son apathie, dans le calcul des intérêts particuliers; et, si nous avons eu l'étrange spectacle de ministres, à-la-fois tribuns du peuple et agents d'un monarque, c'est au parti mitoyen que nous avons dû ce renversement des choses, cette destruction des éléments conservateurs du gouvernement représentatif. Si le parti mitoyen se joignait aux royalistes, non-seulement les ministres seraient forcés de marcher sur la même ligne; mais l'autre parti deviendrait par la nature même des choses, un véritable parti de l'opposition, un parti noble et utile. Incapable alors de faire du mal, il ne produirait que du bien. Il tiendrait les ministres dans les bornes de leur devoir et de leur autorité; il les avertirait sans cesse qu'ils sont responsables. Voilà l'essence du gouvernement représentatif. Toute autre manière de s'y conduire, en fait un cáhos épouvantable.

Je sais combien de raisonnements opposera la subtilité de l'esprit à tout ce que je viens de dire. Vous voulez, me dira-t-on, qu'une assemblée soit divisée en deux partis franchement prononcés; qu'on connaisse l'opinion de chaque membre et celle des ministres, qu'ils n'en changent point sans le déclarer solemnellement? Oubliez-vous que de tous temps la finesse adroite a été un grand moyen de gouverner; qu'on se fait des ennemis en prononçant ouvertement son opinion; et que d'ailleurs chacun doit voter suivant sa conscience?

Oui, je sais que l'intrigue et la finesse peuvent réussir dans un temps tranquille, quand il n'est question que de changer, sans danger, quelque ministre, et d'élever le nouveau sur les débris de l'ancien. Mais dans des temps de révolution, où les factieux attaquent, tête baissée, avec toute l'impétuosité d'une volonté opiniâtre, que peuvent la finesse et l'intrigue? à peine suffirait toute la force du caractère le plus élevé. Je vois, je l'avoue, parmi nous, des hommes de beaucoup d'esprit qui ont une grande idée de la finesse. Je veux les mettre en présence de deux personnages assez célèbres. Le duc de la Rochefoucauld s'exprime ainsi dans ses maximes : « L'usage ordinaire de la finesse est la « marque d'un petit esprit ; et il arrive presque « toujours que celui qui s'en sert pour se cou- « vrir en un endroit, se découvre en un autre. « Les finesses et les trahisons ne viennent que « de manque d'habileté. Le vrai moyen d'être « trompé, c'est de se croire plus fin que les autres. » Il ajoute même, peu de lignes après : « Il suffit « quelquefois d'être grossier, pour n'être pas « trompé par un habile homme. »

Le cardinal de Retz parle ainsi de la princesse Palatine : « Je ne crois pas que la reine « Élisabeth d'Angleterre ait eu plus de capacité « pour conduire un état. Je l'ai vue dans la fac- « tion, je l'ai vue dans le cabinet, et je lui ai « trouvé par-tout également *de la sincérité.* » Voilà certes une expression bien remarquable de la part d'un homme qui s'est jeté dans un si grand nombres d'affaires orageuses. Il accorde à la princesse Palatine la plus grande capacité ; et la preuve qu'il en donne, c'est que dans la faction, comme dans le cabinet, il lui a toujours trouvé de la sincérité. En parlant d'une circonstance remarquable de la vie du duc de Bouillon, frère du maréchal de Turenne, il s'exprime ainsi : « Il ne fut pas, à mon avis, habile en « cette occasion, parce qu'il voulut être fin. Cela « arrive assez souvent. »

Si l'on réduit ce beau talent de la finesse à ce qu'il est dans la réalité, on verra qu'il se borne à donner des espérances, à les retirer ; à paraître fatigué d'un plan, tandis qu'on le suit plus que jamais ; à se laisser pénétrer en apparence, à dire des demi-mots, des puérilités, en les couvrant d'un vernis d'importance ; et pendant que l'homme fin travaille et sue ainsi, l'homme de caractère l'écoute avec pitié, résolu d'avance à ne rien croire de ce qu'il lui dit.

Cette malheureuse disposition à la finesse est chérie, embrassée, employée par les personnes faibles : et c'est alors que la faiblesse est invincible. Le même écrivain l'avait observé. Aussi, dit-il, dans un endroit de ses mémoires ; « que la peur, flattée par la finesse, est insurmontable. C'est ce penchant à la finesse qui, pendant la révolution, a divisé et subdivisé sans cesse le parti royaliste. Il m'est impossible de ne pas citer encore le cardinal de Retz. « La subdivision, « dit-il, est ce qui perd presque tous les partis, « particulièrement quand elle est introduite par « cette sorte de finesse qui est directement opposée à la prudence, et c'est ce que les Italiens appellent *comedia in comedia*. Est-elle seulement dans nos assemblées, cette finesse qui nous divise et nous perd ? J'en appelle à tout homme qui observe le jeu et les effets de l'intrigue qu'on voit s'agiter nuit et jour dans cette ville immense. On connait ces hommes fins, on les voit on les entend ; ils veulent tout remuer, ils ne font que tout brouiller.

Cette même disposition d'esprit qui nous porte sans cesse à la subdivision du parti royaliste, nous empêche aussi de nous donner des chefs. Je demande à m'appuyer encore sur l'expérience de la fatale année 1792. Parlons de nos défauts, plus que de nos qualités, de nos fautes ; plus que de nos actions louables. C'est peut-être le moyen de former enfin cet esprit propre au gouvernement représentatif, dont nous n'avons fait encore que de malheureux essais. Lorsque les jacobins prirent sous leur protection les quarante soldats du régiment de Châteauvieux qui avaient le plus contribué à l'insurrection de la garnison de Nancy, on voulut les admettre à la barre de l'assemblée et ensuite leur accorder les honneurs de la séance. C'était honorer la révolte. MM. de Jaucourt et de Gouvion parlèrent avec beaucoup de force contre cette insolente demande. Les jacobins triomphèrent à l'appel nominal; mais leur majorité ne fut que de 298 voix contre 265. Dans une autre circonstance encore plus importante, trois jours avant le 10 août, après le discours de l'orateur du côté droit, deux cents membres du centre passèrent de son côté. Les montagnards pâlirent. Ainsi, malgré la faiblesse du parti mitoyen, il était quelquefois prêt à se joindre au côté droit. Je suis persuadé que cette réunion aurait eu lieu, si les partis avaient eu des chefs avoués par eux. Mais il est une maladie peut-être incurable de notre caractère; nous savons obéir à l'autorité, nous avons même montré pendant la révolution que nous pouvions porter aussi loin qu'il est possible, cette disposition à l'obéissance. Mais nous ne pouvons nous donner à nous-mêmes des chefs, encore moins les soutenir, les fortifier, leur permettre d'élever une bannière et la suivre loyalement sur leurs pas. Bien loin de là, nous sommes envieux des talents, jaloux des succès. Nous ne savons pas avoir des opinions fortes, et les discuter avec un langage simple et mâle.

Il faut absolument que nous fassions des livres à la tribune. Nous voyons les questions sous mille face différentes, et comme à travers un prisme. Plus un orateur a trouvé de vues différentes dans une question, plus il paraît habile. Nous appelons cela approfondir un sujet. Nous usons nos forces sur les détails, au lieu de ne voir que le point principal, d'avoir l'œil fixé sur lui, et de ne point nous en écarter. Cela nous rend incapables de résister aux novateurs et aux factieux qui n'ont qu'un seul objet en vue, et qui marchent droit au but qu'ils se proposent. Nous portons dans la discussion des lois, le même esprit que les critiques dans l'examen des ouvrages de littérature, et dans les difficultés de la langue. Nous divisons et subdivisons. Nous perdons de vue l'ensemble.

Il n'en est pas du gouvernement, comme des sciences. Les sciences veulent des détails infinis. Mais gouverner est un art; et, comme dans touts les arts, le succès dans l'art de gouverner dépend très-souvent d'une seule idée principale. De nos jours, une seule idée a sauvé et conservé encore l'Angleterre. Lorsqu'elle a vu la France courir à sa perte par des innovations, les bonnes têtes du pays ont dit : *Nous ne changerons rien.* Et ceux-mêmes qui avaient voulu des changements, dans les élections parlementaires, ont déclaré qu'ils abandonnaient cette opinion. Il n'a pas fallu beaucoup d'idées, ni d'instruction pour concevoir un plan si simple. Il a été inspiré par l'instinct de la conservation, par le bon sens, ce guide assuré de l'homme et des empires. Une seule idée a sauvé, et sauve encore l'Angleterre. Une multitude d'idées plus nombreuses et plus agitées que les flots de la mer, ont perdu, et perdront peut-être encore la France. C'est toujours d'une idée principale que tout dépend en politique. Dans toutes nos assemblées, jamais une idée principale ne les a maîtrisées, et n'a été le germe fécond de tout ce qu'elles ont fait, à moins qu'on ne dise que les trois premières avaient toujours devant elle l'idée de la destruction. Je n'en connais guères de plus forte preuve que la manière dont on a discuté pour, sur et contre le budjet, dans la session de 1818. Je ne crains pas de dire que de semblables discussions sont subversives de tout gouvernement, qu'il n'en est point qui puisse y résister ; et je ne sais si dans cette discussion, personne a examiné si elle contribuerait à donner plus d'énergie ou plus de faiblesse à la monarchie. C'est-là cependant ce qu'il faut examiner, toujours, et avant tout : que voulez-vous? une monarchie noblement tempérée par les lois;

mais grande et majestueuse. Examinez donc toutes les questions sous ce rapport unique ; ne voyez que la monarchie, lors même que vous êtes le plus animé contre les ministres. On peut remplir à-la-fois ces deux devoirs, relever la monarchie et attaquer les ministres. Malheur à nous, si n'osant les attaquer qu'indirectement, nous blessons la monarchie.

La même disposition d'esprit qui ne nous permet pas de saisir les idées principales et de nous y attacher fortement, ne nous permet pas non plus de nous donner des chefs, de les soutenir et de les suivre. Les choses se passent bien différemment en Angleterre. Cinq ou six orateurs parlent seuls pour le gouvernement ; autant pour l'opposition. Des savants, des littérateurs, des hommes du plus grand mérite sont pendant vingt ans membres du parlement, sans y prononcer un discours. Tout le monde sait que le grand Newton n'y parla qu'une fois, et c'était pour faire remarquer qu'il y avait derrière lui un carreau de vitre cassé. Considérez qu'on peut-être capable des plus beaux ouvrages, et non de parler en public, et que tel homme qui parle avec facilité, est incapable d'écrire quatre lignes dignes de la postérité. Ne mettez donc pas tant de vanité à obtenir le vain titre d'orateur de tribune. Rappelez-vous aussi que les orateurs Anglais parlent et ne lisent point. La nécessité de parler exclut la métaphysique et les subtilités ; elle force à chercher une diction franche qui va rondement au sujet, et répond à ce qu'on vient d'entendre. Les orateurs étant peu nombreux, se forment, se fortifient, et deviennent de plus en plus les véritables interprètes du parti au nom duquel ils parlent. Si l'on compare de bonne foi cet usage à l'habitude ordinaire de nos assemblées, peut-on voir sans douleur ce grand nombre d'hommes qui écrivent des discours en feuilletant des livres, qui les gardent des mois entiers dans leurs poches, et qui les débitent tout-à-coup au moment où la question a changé de face ? Peut-on voir sans peine soixante hommes, âgés au moins de quarante ans, appelés à faire des lois, se précipiter en foule au bureau des secrétaires, s'y entasser ; et là, avec une impatience d'enfant attendre le moment de se faire inscrire pour avoir la parole ? et comme nous avons admirablement le goût de la division et de la subdivision, les orateurs se font écrire, pour, sur, et contre. Il résulte aussi de cet esprit de division et de détail, qu'incapables de voir en toutes choses le point important, et de nous y arrêter, nous ne pouvons juger un gouvernement par l'ensemble de sa marche, nous borner à examiner cet ensemble, à le soutenir, ou le com-battre. Non ; il faut que nous examinions tous les détails de l'administration, et que nous étendions sur elle un réseau de critiques minutieuses et ridicules. Telle a été la faute de toutes nos assemblées ; et le même défaut de notre caractère qui produit ce genre de fautes, a toujours empêché les royalistes de se donner des chefs.

Ce manque de chefs donne au parti des royalistes un désavantage infini, non seulement par la nature même des choses, mais encore par la conduite toute différente des révolutionnaires qui savent bien se donner des chefs, les forti-fier et les suivre. Voyez avec quelle persévérance ils poursuivent pendant des années entières la nomination de leurs chefs dans les élections, tandis que nous préférons l'honnête homme in-connu d'un arrondissement, à l'honnête homme connu de la France entière. Les révolutionnaires ont raison, trois fois raison. Tant qu'il n'est question que de détruire, ces hommes ont un esprit de suite étonnant, ils ne font pas une faute. Mais l'instant du triomphe est celui de l'aveuglement. Ils deviennent alors cruels en-vers eux-mêmes, comme envers leurs ennemis ; et dans toutes les institutions qu'ils essaient de créer, ils sont frappés d'incapacité. Cela doit être ainsi ; car tout homme qui marche violemment à la destruction, est dominé par les passions d'un esprit borné. Tant qu'il veut détruire, il réussit, parce que la destruction est facile; mais quand il veut reconstruire, il ne trouve rien en lui-même, il est misérable dans tout ce qu'il entreprend.

Des chefs avoués par un parti, sentent par cela même s'accroître et leurs talents et leur énergie, ont plus de confiance en eux-mêmes, et réfléchissent davantage sur ce qu'ils font et sur ce qu'ils disent. Ils s'avertissent mutuellement de leurs fautes, réparent le lendemain la faute de la veille, et sont éclairés des lumières, et des avertissements de ceux qui ne parlent pas. Les chefs donnent ainsi à leur parti une véritable force. Les hommes de ce parti sentent alors cette force, la connaissent, en sont fiers, et s'attachent encore plus au parti par la certitude du bien qu'ils font, et du mal qu'ils empêchent.

Sans cette organisation systématique, les hommes les plus habiles sont au-dessous d'eux-mêmes. Ils sont entraînés par le torrent; ou, s'ils luttent quelquefois contre lui, ce n'est pas avec un esprit de suite bien décidé, avec des résolutions fermes et constantes. Ils sentent bientôt que ce serait une entreprise impossible, que de soutenir et de faire triompher un systême combiné, dans une assemblée, dont les partis ne reconnaissent pas de chefs, et qui par conséquent n'est pas organisée. Ils se voient dans cet affreux état, où l'on ne peut rien faire qui soit bien; ils se lassent bientôt de quelques vains efforts, se laissent aller aux idées du moment, et disent des choses dont ils rougissent le lendemain. Si jamais, dans les crises politiques, nous avons montré les terribles inconvénients de notre caractère, c'est dans les mois qui ont précédé le 18 fructidor. Jamais il n'y eut parmi les honnêtes gens, plus de dévouement, de noble zèle, d'union de sentiments; jamais plus de moyens de salut; et même de très-puissants venaient d'un côté qui semblait ne pas en promettre. Mais tout cela fut inutile, faute de chefs avoués et connus. La même chose avait précédemment empêché le succès des royalistes dans la journée du 13 vendémiaire, cette journée remarquable, où l'on vit toute la capitale soulevée contre la convention. Accord admirable, qu'un célèbre ministre étranger peignit des couleurs les plus fortes et les plus honorables !

Sans cette organisation systématique des assemblées, il est presque impossible aux ministres de gouverner. Peuvent-ils s'adresser à toute une chambre ? peuvent-ils interroger chaque mem-

bre en particulier ? Non ; il est donc nécessaire
qu'ils aient un moyen de connaître les vœux et
les opinions de la majorité, avant de lui présenter des projets importants. Quels peuvent
être ces moyens, si ce n'est les conférences
des ministres avec les chefs avoués par les deux
partis des chambres ? Je dis les deux partis ;
car je ne peux supposer qu'à la honte du caractère français, trois et quatre partis subsistent
long-temps encore dans notre parlement. Quel lien
peut exister entre les ministres et les chambres,
si ce n'est la franchise réciproque, et la certitude mutuelle que tout engagement pris, toute
parole donnée, est par là même sacré ? Remarquez que je raisonne toujours d'après l'essence
du gouvernement représentatif. Je suis persuadé
que si les choses avaient été telles que je les
demande, dans la session de 1815, les destinées
actuelles de la France seraient bien différentes.

Je sais que beaucoup d'hommes remplis de
probité, croient et répètent sans cesse qu'il suffit
de soutenir les principes, et qu'il ne faut jamais
s'occuper des personnes. Fatale erreur, qui n'a
jamais existé chez une nation forte ! Elle a été
enfantée dans le siècle des lumières, et se joint
à je ne sais quelle faiblesse d'esprit, qui nous
obsède depuis cinquante ans. Dans un temps
où les dissentions politiques ouvrent une large

carrière à toutes les passions, on ose présenter des principes comme une barrière insurmontable : des principes politiques, c'est-à-dire la chose qui prête le plus à des disputes interminables ! Cependant une funeste expérience doit nous avoir appris que ce n'est pas avec des maximes et des déclarations qu'on gouverne les hommes. Et je ne crois pas que M. Fox ait eu tort de s'écrier dans son histoire du règne de Jacques II : « Combien est vaine, combien fu- « tile, combien présomptueuse l'opinion que les « lois font tout ! Combien faible et pernicieuse « est la conclusion qu'on en tire, *qu'il faut s'oc-* « *cuper des choses, et non pas des hommes !* »

Occupez-vous donc des hommes ; organisez-vous, formez un ensemble de vues et de moyens. Je demande la permission de m'appuyer sur l'exemple des Romains. Rome fut sauvée des fureurs de Catilina, parce que le sénat se laissa conduire par le grand orateur, revêtu de l'autorité consulaire. Cette autorité, toute forte qu'elle était, n'aurait pas sauvé la république, si elle n'avait pas été appuyée par le pouvoir d'assentiment et d'adhésion que Cicéron reçut du sénat. Ainsi, en 1792, un ministre habile, dépositaire de l'autorité royale, n'aurait pu seul sauver l'état et le roi ; mais si la majorité de l'assemblée, qui dans le fond était royaliste, sur-tout après l'attentat du 20 juin, avait déclaré hautement qu'elle regardait ce ministre comme son chef, qu'elle le suivrait et l'appuierait toujours, ce ministre aurait très-facilement sauvé l'état et le roi. Il n'aurait eu qu'à tenir l'œil fixé sur ce grand et noble but, sans l'en détourner jamais ; et certain de voir approuver ses propositions et sa conduite, il aurait pris sans doute une de ces résolutions mâles qui jettent tout-à-coup dans un péril éminent, pour tout sauver, ou périr honorablement ; mais avec cette ferme confiance qu'on ne périt presque jamais, quand on exécute de semblables résolutions. La ruine des factieux eût été si facile, que je ne sais s'il en aurait même retiré une grande gloire.

Suivez attentivement dans l'excellente histoire de la vie de Cicéron, la conduite de ce grand homme, immédiatement après la mort de César : vous y verrez qu'il fut le chef du sénat par l'adhésion de ce corps. Il ne cessa d'y lutter contre Calenus et Servilius, chefs du parti de l'opposition, et il triompha toujours par l'assentiment du sénat et du peuple. Il écrivait à Cornificius : *Les honnêtes gens manquent de chefs ;* et dans une lettre suivante : *Je me suis déclaré le chef du sénat et du peuple romain.* La trahison de Lépide et de plusieurs autres généraux empêcha seule le succès des mesures qu'il avait conseillées. Mais le succès qu'il aurait pu obtenir, ne fait rien à la question que j'examine, il suffit qu'on voie que dans ces deux circonstances si importantes, le sénat romain s'est donné volontairement un chef. On trouve dans l'histoire romaine plusieurs circonstances où il a tenu la même conduite; et ce dut être toujours l'usage du sénat; la nature des choses l'exige impérieusement. Sans cela, le sénat romain n'aurait pas eu cet esprit de suite, cette constance dans ses maximes, que Bossuet et Montesquieu ont si bien développés. Toute assemblée qui ne se laisse pas guider dans un sens consenti par elle, est nécessairement inconstante, légère, même bizarre; et sort sans cesse du chemin qu'elle voudrait suivre.

Sans être conduit, comment le sénat romain aurait-il pu adopter ou approuver le genre d'entreprises, qui seules dans les crises imminentes peuvent sauver un état ? Il savait que dans les révolutions, il n'est le plus souvent qu'un moyen qui puisse les arrêter; c'est d'aller au-devant du péril, afin de le maîtriser. A la guerre, le péril existe déja, il est présent. Et c'est souvent un moyen de le diminuer, que d'aller au-devant. Dans les révolutions, lorsque le moment du péril n'est pas encore arrivé, le gouvernement qui marche au-devant saura le dominer, semblable à ce général habile qui attire l'ennemi, et le combat sur le terrain qu'il avait étudié d'avance. Laissez au contraire arriver le péril, avant d'avoir pris vos avantages, vous succomberez infailliblement. Malheureusement, il existe entre les périls de la guerre et les dangers politiques, une différence bien grande, et toute à notre désavantage. Il faut être d'une franche fermeté dans les périls de la guerre, ou se déshonorer ; et cette crainte a toujours fortement agi sur les Français, pour qui, semble, avoir été créé le mot honneur. Mais dans une crise politique, je peux ne pas m'exposer à la haine, ou au poignard des méchants ; je suis entièrement libre d'agir, ou de rester neutre, d'avancer ou de reculer ; je puis proclamer que la prudence exige une conduite circonspecte et mesurée ; je puis blâmer comme intempestives, ou dangereuses, les révolutions viriles des hommes forts que j'appellerai de mauvaises têtes, je puis enfin me retirer derrière ma conscience ; et là, je suis inattaquable. Aussi, dans aucun temps, et chez aucun peuple, on n'a tant parlé de prudence et de modération, qu'en France, pendant la révolution. La multitude innombrable des hommes faibles se complaît à vanter la prudence d'autres hommes, aussi faibles qu'eux : de là naissent des réputations qui n'ont d'autre source qu'une extrême médiocrité; de là aussi ces formules d'éloge : il parle avec sagesse, il ne dit pas un mot qui puisse exaspérer les révolutionaires; il fait entendre ce qu'il pense ; mais il ne le dit pas ouvertement. Continuez ainsi ; pratiquez vos doucereuses maximes : quel fruit en avez-vous retiré jusqu'à présent ? Jamais vous n'osâtes profiter de vos avantages, quand vous en aviez ; et vous avez toujours, par votre faible défensive, fortifié le parti attaquant. Sachez qu'il n'est point de modération sans énergie. Le temps d'arrêt marque la force ; mais c'est dans la carrière ouverte et parcourue par la fermeté. Cette modération vigoureuse est pleine de clémence et d'humanité ; elle ne dresse pas des échafauds, elle ne demande pas des lois d'exception ; elle connaît trop l'effet irrésistible d'une autorité appuyée sur les lois, qui agit sans cesse, suivant le caractère du peuple qu'elle gouverne. L'autre modération est barbare, comme la faiblesse, et comme elle, fait verser des flots de sang.

A cette nécessité d'avoir des chefs et de les suivre, on oppose un argument qu'il faut examiner. J'ai entendu des personnes se récrier avec chaleur : Je dois voter suivant ma conscience. Je ne peux m'en écarter. Examinons cette maxime ; et tâchons de ne pas confondre notre conscience avec une simple opinion de notre esprit.

Je trouve dans le dictionnaire de l'académie un excellent article sur le mot conscience. *Lumière intérieure, sentiment intérieur, par lequel l'homme se rend témoignage à lui-même du bien et du mal qu'il fait.* Adoptons cette définition. Examinez maintenant s'il est possible qu'une assemblée fasse du bien, quand elle n'est pas certaine de ce qu'elle veut, et du but où elle tend ; examinez sur-tout si lorsqu'une monarchie est menacée d'une révolution, le parti des honnêtes gens dans une assemblée peut s'opposer avec succès au parti révolutionnaire, quand il n'a pas des principes certains de conduite, des plans de résistance, ou d'attaque ; quand il ne marche pas invariablement à son but. Examinez ensuite d'après tout ce que je viens de vous dire sur l'assemblée législative, et d'après votre expérience de 1815, s'il est possible que ce parti ait jamais cet ensemble de vues et de moyens, sans avoir des chefs avoués par lui, et pris parmi les hommes forts. Si, après cet examen attentif, *vous vous rendez témoignage à vous-même* que le parti des honnêtes gens ne peut faire du bien, sans avoir des chefs, vous faites une chose *suivant votre conscience*, en contribuant à donner des chefs à ce parti. Vous n'y contribuez d'ailleurs qu'à la condition clairement énoncée qu'ils marcheront vers un but déterminé, et ce n'est que parce que ce but est approuvé *par votre conscience*, que vous avez donné votre consentement.

Mais à peine les chefs ont-ils commencé à agir et à parler, que vous n'êtes pas content de tel article de loi qu'ils soutiennent, de telle proposition qu'ils avancent. Vous êtes dans cette circonstance d'un avis entièrement opposé à leur avis. Alors, il ne s'agit plus de votre *conscience*, mais de votre *opinion*. Vous ne pouvez la croire infaillible, vous pouvez vous tromper : cherchez à ramener à votre avis les membres dirigeants ; sacrifiez ensuite, s'il est nécessaire, *votre opinion* à la leur ; et, en faisant ce sacrifice, vous agirez *suivant votre conscience* qui vous avertit sans cesse que vous pouvez commettre de graves erreurs d'esprit, et que rien ne marcherait dans les sociétés humaines, si chacun, opiniâtrement attaché *à son opinion*, ne la sacrifiait jamais à celle des autres.

Mais je suppose que ces chefs et le parti qu'ils dirigent aillent évidemment contre le but déterminé, que vous avez reconnu bon et utile ; qu'au lieu par exemple de soutenir la prérogative de la couronne, ils l'affaiblissent ; qu'au lieu de s'opposer à la marche des ministres, ou de montrer leur inhabileté personnelle, ils attaquent le gouvernement en lui même , et diminuent sa considération et son pouvoir; alors, vous êtes le maître de désavouer les chefs et de vous retirer du parti qu'ils dirigent. Mais c'est à la condition d'en faire une déclaration franche et loyale, hautement et publiquement. Rester dans le parti, en votant d'une manière différente, serait une trahison. Il faut être dans une assemblée ennemi généreux, mais sur-tout allié fidèle. C'est ici qu'il faut rappeler encore l'action solemnelle de M. Burke. Lorqu'il s'aperçut que les maximes révolutionnaires avaient passé de la France en Angleterre, non-seulement il se sépara du parti de l'opposition; mais il déclara même qu'il ne verrait plus son ancien ami, M. Fox. Il annonça hautement que toute liaison entre eux était désormais rompue. Des larmes coulèrent des yeux de M. Fox, et l'assemblée écouta dans un silence solemnel cette déclaration loyale, autant qu'énergique. Rapprochez de sa conduite, celle de tant d'hommes qui démentent sans cesse, les principes qu'ils ont annoncés, et même les discours journaliers qu'ils tiennent, dans la confidence de l'amitié. Ils parlent d'une façon à leurs collégues, et d'une autre toute opposée à la tribune.

Puisque nous imitons les Anglais dans de si

importantes institutions, pourquoi ne pas adopter un usage que la nature des choses, et peut-
être même le besoin de s'entendre, ont intro-
duit dans la chambre des communes ? Elle se
forme souvent en comité général pour discuter
les lois. Ce comité se forme sur-tout, quand la
loi a été lue deux fois, et que la chambre paraît
y avoir consenti provisoirement sauf les détails.
Ce comité ne ressemble point à notre comité
secret. L'orateur qui est le président, quitte le
fauteuil ; on ne tient aucun procès-verbal ; on
ne prend aucune note. Ce n'est qu'un entretien,
qui éclaire la chambre et lui apprend à connaître
ses membres individuellement, et le vœu des
partis. Ce comité a lieu aussi dans beaucoup
d'autres occasions. Cet usage est sur-tout utile
aux ministres : ils pressentent facilement dans
une discussion livrée à une sorte d'abandon,
s'ils peuvent espérer de faire adopter la proposition dont on s'occupe, ou comment il fau-
drait la modifier. Des objets importants sont
ainsi discutés, élaborés, plusieurs années de
suite, avant d'être présentés en forme de loi.
Qui peut ne pas sentir l'avantage inappréciable
d'un pareil usage ? Il fut proposé en 1792 ; mais
repoussé avec fureur par les factieux, qui crai-
gnaient que le parti mitoyen ne s'entendît avec
le côté droit. Il me semble que c'est sur-tout

en étudiant les choses *de pure pratique*, que l'on pourra parvenir à donner à nos nouvelles institutions une marche assurée et salutaire. Loin de nous, loin de nous l'aveugle et raisonneuse théorie !

Je me hâte de conclure, et je résume ainsi les propositions que j'ai avancées :

1° Il faut modifier notre caractère suivant nos institutions nouvelles, ou périr par elles : il faut nous montrer à découvert, ou finir dans la honte.

2° Le parti mitoyen a produit, par une fatale erreur, les dangers où la France s'est précipitée : on ne doit pas, sur-tout dans des temps orageux, produire et conserver trois et quatre partis dans une assemblée : dans ces temps, il n'y a point de milieu entre la perfidie et la franchise.

3° La responsabilité des ministres est toute entière dans la marche du gouvernement. Plus une assemblée s'appésantit sur les détails, plus aisément les ministres échappent à la responsabilité : il faut bien prendre garde, en attaquant les ministres, d'énerver le gouvernement, de diminuer la considération dont ses agents doivent jouir.

4° Une assemblée délibérante ne peut faire de bien, sans des chefs avoués par les partis, et environnés d'un assentiment réel, quoique volontaire.

Trop heureux les royalistes, si lorsqu'ils trouveront un royaliste dans un ministre, ils savent le prendre franchement pour leur chef ! Plus heureuse encore la France, lorsque tous les ministres seront les chefs des royalistes, comme en Angleterre ! Sans le parti mitoyen, les ministres seraient forcés d'être royalistes.

Si la chambre des députés veut enfin s'organiser, si elle veut se bien pénétrer de cette vérité, que dans le gouvernement représentatif tout doit être franc, décidé, déterminé : que la finesse et les petites ruses doivent en être bannies, que les intrigants doivent y être détestés comme une peste mortelle ; si le parti mitoyen veut se joindre aux royalistes, les nuances d'opinion parviendront facilement à se fondre en une seule ; les ministres seront forcés, ou plutôt, j'ose le croire, ils se porteront naturellement à être les chefs du parti royaliste. Alors seulement commencera la marche du gouvernement représentatif ; de ce jour seulement, nous pourrons connaître si ce genre de gouvernement est entièrement opposé au caractère national, ou s'il nous est impossible de modifier notre caractère, de façon à donner à ce gouvernement une marche noble et facile.

Qu'il me soit permis, en finissant, de transcrire ces paroles, que j'ai adressées aux dépu-

tés de la France, deux jours avant l'exécrable
journée du 10 août. « Bientôt le peuple détes-
« tera ces têtes ardentes qui présentent à la li-
« berté un encens qu'elle abhorre, ces hommes
« qui, faute d'avoir le patriotisme dans le cœur,
« voient sa fausse image loin d'eux, et courent
« furieux pour l'atteindre, en renversant tout
« ce qui se trouve sur leurs pas ; ces hommes
« qui ne sauront jamais que, pour rester libres,
« il faut avoir un gouvernement, et qu'un peuple
« qui ne veut pas être gouverné suivant ses loïs
« et par ses lois, est un peuple mutin, et non
« un peuple libre : dédaignez les cris de la ca-
« lomnie qui semble avoir établi son empire
« dans cette immense ville, où l'imposture et la
« méchanceté lui dressent des autels, sans cesse
« entourés de l'aveugle ignorance et de l'imbé-
« cille crédulité ; réjetez les demandes de ces
« têtes sulphureuses, que l'inexpérience rend le
« jouet d'hommes habiles et pervers, qui tous
« les jours creusent à plaisir l'abyme, où se
« précipitent et notre gloire et notre liberté. Le
« temps de la prudence est arrivé. Vous ne
« pouvez faire une seule faute, sans qu'elle ne
« soit d'une conséquence immense pour la chose
« publique et pour vous. Vos ennemis les plus
« dangereux se sont dévoilés. Ils attaquent ou-
« vertement l'ordre social. Que tardez-vons à

« montrer leur impuissance ? Notre faiblesse
« seule fait toute leur force. Réduits à eux-
« mêmes, ils ne sont rien. S'ils étaient comptés,
« ils auraient honte de leur petit nombre. Qu'im-
« portent leurs cris et leurs menaces ? Dans
« un pays libre, il n'est point de vertu sans
« fermeté. »

FIN.